ELI ANDR

ENIGMA INTERIOR

Encontrando Paz en el
Autodescubrimiento

Impreso por:
Amazon Company

Primera edición, 2024
ISBN 9-7988737282-0-6

ÍNDICE

Introducción

Desperté abruptamente en medio de la noche, y por un momento, todo parecía normal. El cuarto estaba sumido en la oscuridad, apenas iluminado por el destello ocasional de un farol exterior. El aire, pesado y denso, se aferraba a mis pulmones. Pero entonces, algo cambió. Una extraña sensación de opresión comenzó a crecer en mi pecho, como si el mundo estuviera cerrándose sobre mí, cada latido de mi corazón resonando con un eco de temor.

El silencio se convirtió en un estruendo atronador, y mi piel, de repente, se tornó fría y húmeda, como si la noche me hubiera abrazado en un agarre gélido. Cada respiración se volvió un desafío, como si el oxígeno hubiera abandonado la habitación y yo luchara por tomar bocanadas de aire.

Mis latidos se dispararon, galopando como caballos desbocados en mi pecho. Palpitaban tan fuerte que podía sentirlos en mi garganta, martillando contra mis sienes. La habitación comenzó a dar vueltas a mi alrededor, como si hubiera sido arrancada de la realidad y lanzada a un remolino caótico de emociones desconcertantes.

Mi mente se llenó de un miedo indescriptible, como si hubiera tropezado con el abismo y no hubiera piso debajo. Me invadió una sensación incontrolable de que algo terrible estaba a punto de suceder, de que mi cuerpo estaba fallando, de que estaba a punto de morir.

Mis manos temblaban, mis músculos se contrajeron en una danza descoordinada y mi respiración se volvió errática, como si el aire se negara a llenar mis pulmones. Los pensamientos, cual enjambre de abejas enfurecidas, zumbaban en mi cabeza, gritándome que algo estaba terriblemente mal.

Intenté encontrar un punto de referencia, una pizca de calma en medio del caos, pero cada intento fue en vano. El tiempo parecía distorsionarse, como si el reloj se hubiera detenido y me hubiera abandonado en este torbellino de terror y confusión.

Sentía que me estaba desmoronando por dentro, como si mis cimientos emocionales se estuvieran resquebrajando. Era una tormenta de sensaciones, una sinfonía de miedo y confusión que me envolvía en su abrazo angustiante.

No había escapatoria. Estaba atrapado en un cuerpo que parecía traicionarme, en una mente que se enredaba en sus propios pensamientos. Y en medio de ese caos, solo deseaba una cosa: encontrar una luz, un rayo de esperanza que me sacara de este abismo oscuro en el que me encontraba.

¿Alguna vez te has sentido así, abrumado por la ansiedad, desarmado por las críticas, atrapado en un estado de mal humor persistente o cuestionado por la falta de confianza en ti mismo? ¿Te has preguntado dónde encontrar la chispa de motivación cuando más la necesitas o luchado con el peso del perdón hacia ti mismo?

La vida nos desafía de maneras que a menudo nos toman por sorpresa, exigiendo respuestas para las que no siempre estamos preparados. Estos desafíos, aparentemente sutiles pero profundamente arraigados en nuestras experiencias diarias, nos empujan a buscar comprensión, estrategias y herramientas para enfrentarlos de manera efectiva.

Este libro es un viaje hacia la comprensión y el dominio de estas áreas clave de nuestra existencia. Es un compendio de lecciones aprendidas, reflexiones personales y herramientas prácticas destinadas a iluminar los caminos a menudo oscuros que todos transitamos en algún momento de nuestras vidas.

En estas páginas, exploraremos la ansiedad y descubriremos técnicas para mantenerla a raya, abordaremos las críticas desde una nueva perspectiva para convertirlas en oportunidades de crecimiento, desentrañaremos los nudos del mal humor y aprenderemos a infundir confianza en cada paso que damos.

Hablaremos sobre la importancia de encontrar esa chispa de motivación que nos impulsa a seguir adelante y exploraremos la profundidad del perdón propio, una práctica poderosa y liberadora que nos permite abrazar nuestro pasado con compasión y seguir adelante con determinación.

A través de historias, ejemplos y ejercicios prácticos, este libro busca no solo ofrecer conocimientos, sino también ser una guía compañera en tu viaje hacia una vida más plena y equilibrada. Mi esperanza es que encuentres aquí un refugio, un recurso valioso y un faro de inspiración mientras navegas por las aguas a veces turbulentas de la existencia humana.

Juntos, descubriremos que no estamos solos en estas luchas y que, a menudo, las respuestas más poderosas se encuentran dentro de nosotros mismos. Este es un libro de autodescubrimiento, crecimiento y, sobre todo, de compasión hacia uno mismo.

Te invito a embarcarte en esta travesía, a sumergirte en estas páginas con mente abierta y corazón dispuesto, listo para abrazar el cambio y descubrir la grandeza que yace en el viaje hacia la realización personal.

¿Por qué estas lecciones son cruciales?

En el torbellino de la vida moderna, nos enfrentamos a desafíos que a menudo pasan desapercibidos o subestimados. La ansiedad puede teñir nuestras interacciones sociales, el mal humor puede oscurecer nuestros días y las críticas pueden erosionar nuestra autoconfianza. Estos son solo algunos de los obstáculos que todos enfrentamos en diferentes momentos de nuestras vidas, y aprender a abordarlos puede ser una habilidad transformadora.

1. Manejo de la Ansiedad: La ansiedad puede ser paralizante, interfiriendo con nuestro bienestar emocional y físico. Aprender a manejarla no solo alivia el estrés, sino que también nos ayuda a vivir una vida más plena y en armonía con nosotros mismos y los demás.

2. Lidiando con las Críticas: Las críticas, cuando no se gestionan adecuadamente, pueden minar nuestra autoestima y frenar nuestro crecimiento

personal y profesional. Aprender a discernir entre críticas constructivas y destructivas puede marcar la diferencia entre el estancamiento y el desarrollo.

3. Enfrentando el Mal Humor: El mal humor puede influir en nuestras relaciones, en nuestra productividad y, en última instancia, en nuestra felicidad. Comprender cómo abordarlo puede ser la clave para recuperar el equilibrio emocional y vivir de manera más plena.

4. Desarrollo de la Confianza en Uno Mismo: La confianza en uno mismo es fundamental para enfrentar desafíos y perseguir metas. Aprender a cultivarla es esencial para el crecimiento personal y la realización.

5. Encontrar Motivación: La falta de motivación puede frenarnos en nuestro camino hacia el logro de metas. Descubrir cómo mantenernos motivados puede marcar la diferencia entre el éxito y la resignación.

6. Aprender a Perdonarse a Uno Mismo: El perdón propio es una herramienta poderosa para liberarnos del peso del pasado y avanzar hacia una vida más plena y consciente.

En resumen, estas lecciones no solo abordan aspectos individuales de nuestras vidas, sino que también tienen un impacto profundo en nuestra salud mental, emocional y relaciones interpersonales. Dominar estas habilidades no solo mejora nuestra calidad de vida, sino que también nos equipa con herramientas para afrontar los desafíos con resiliencia y claridad. Este libro está destinado a ser una brújula en tu viaje hacia una vida más equilibrada y plena.

Conexión personal: Mi camino hacia la comprensión de estas verdades.

Hace unos años, en medio de una realidad cambiante y desafiante, me encontré en un viaje emocional lleno de giros inesperados. La ansiedad se convirtió en una compañera constante, una sombra que eclipsaba los días y noches, alimentada por la incertidumbre de la pandemia y las mudanzas constantes que me llevaron a cambiar de país tres veces en menos de dos años.

Como inmigrante, vivir fuera de mi país de origen durante tanto tiempo ha sido un viaje emocional y práctico. La adaptación a nuevas culturas y formas de vida, las barreras lingüísticas y la nostalgia por lo familiar han sido desafíos que han puesto a prueba mi resistencia emocional y mi capacidad de ajuste.

En medio de estos cambios tumultuosos, también atravesé por un divorcio, una transición dolorosa que sacudió los cimientos de lo que consideraba mi vida estable.

La ansiedad se intensificó, las críticas, tanto externas como las que surgían de mi propia voz interior, erosionaban mi confianza, y el mal humor se mezclaba con la incertidumbre, sumergiéndome en una tormenta emocional.

Fue en este laberinto de desafíos y transiciones donde comencé mi búsqueda interior. Me sumergí en libros, conversaciones profundas y momentos de reflexión personal para encontrar respuestas a las preguntas que surgían en medio de tantos cambios.

Cada tema que exploraremos en estas páginas no es solo un concepto teórico, sino una verdad vivida y experimentada en carne propia. La ansiedad, las críticas, el mal humor, la confianza, la motivación y el perdón propio se volvieron puntos focales en mi viaje personal hacia la adaptación, la sanación y el crecimiento.

Este libro es el resultado de esa travesía personal, una recopilación de las lecciones aprendidas durante esos momentos desafiantes y reveladores. No pretendo ser un experto infalible, sino más bien un compañero de viaje que comparte herramientas y perspectivas que podrían iluminar tu camino, al igual que otros han iluminado el mío.

Es en la experiencia personal, en la comprensión y aceptación de estas verdades, donde este libro encuentra su fundamento. Mi deseo es que estas páginas te sirvan como faro en tus propias tormentas, ofreciéndote orientación y consuelo mientras navegas por las aguas desconocidas de la vida.

CAPITULO UNO

Anatomía de la Ansiedad

"El miedo es la manifestación física de la debilidad mental."
Mahatma Gandh

DESMITIFICANDO LA ANSIEDAD: ¿QUÉ ES Y CÓMO NOS AFECTA?

La ansiedad, esa sensación que muchos hemos experimentado en algún momento de nuestras vidas, ha sido un compañero de viaje tanto para figuras históricas como para personas comunes y corrientes. Incluso mentes brillantes como Charles Darwin lidiaron con sus propios demonios internos. En su diario, Darwin describió cómo se sentía "viejo" debido a su lucha con la ansiedad. Emily Dickinson, la famosa poetisa, también capturó en sus versos la constante sensación de vivir al límite, como esquiando en una montaña rusa emocional.

Sin embargo, la ansiedad no hace distinciones; no importa quién eres o cuál sea tu estatus social, puede afectar a cualquiera. Es ese estrés constante, esa preocupación que aprieta el pecho y te hace sentir como si algo malo fuera a ocurrir en cualquier momento, incluso cuando no sabes exactamente qué es. Como alguien que ha pasado por esos altibajos, puedo decir que no es un camino fácil.

Lo interesante es que la ciencia también ha indagado en este campo. Estudios, como el llevado a cabo por Kessler y su equipo (Kessler RC, 2005), han demostrado que la ansiedad no es solo una carga emocional, sino también una realidad fisiológica que altera nuestro ser. Se ha evidenciado que afecta nuestra química cerebral y tiene un impacto significativo en nuestro cuerpo, no solo en nuestras mentes.

Este viaje hacia la comprensión de la ansiedad nos lleva a explorar su anatomía, a desentrañar sus complejidades. No estamos solos en este laberinto; a lo largo de la historia, personas brillantes y personas comunes han enfrentado las mismas sombras. Es un viaje hacia la aceptación y la comprensión, hacia la búsqueda de esa salida que nos lleve a la paz interior que tanto anhelamos.

La ansiedad es más que un simple sentimiento de preocupación o nerviosismo. Es una respuesta natural y adaptativa a situaciones estresantes o desconocidas. Sin embargo, cuando esta respuesta se vuelve abrumadora, persistente o desproporcionada a la situación real, puede convertirse en un obstáculo para nuestra salud mental y bienestar (López, M., 2019).

La Dra. Maria López, psicóloga clínica, explica: "La ansiedad es una respuesta del cuerpo a una amenaza percibida, ya sea física, emocional o psicológica. Es una señal de alarma que nos prepara para lidiar con situaciones desafiantes" (López, M., 2019).

Estudios científicos han revelado que la ansiedad puede desencadenar una cascada de reacciones en nuestro cuerpo, desde un aumento en la liberación de hormonas del estrés como el cortisol y la adrenalina, hasta cambios en la actividad cerebral que afectan la toma de decisiones y la percepción del riesgo (Smith, S., 2020).

La Dra. Sarah Smith, en su investigación en la Universidad de Stanford, descubrió que la ansiedad crónica puede estar relacionada con cambios en la estructura y función del cerebro, particularmente en áreas involucradas en la regulación emocional y la toma de decisiones (Smith, S., 2020).

La ansiedad nos afecta de maneras profundas y variadas. ¿Has sentido alguna vez esa sensación de opresión en el pecho, el corazón latiendo rápidamente o la mente acelerada sin poder detener los pensamientos negativos? Estos son algunos de los síntomas comunes de la ansiedad.

Pero también puede manifestarse de manera menos evidente: dificultad para concentrarse, problemas para dormir, irritabilidad o evitación de ciertas situaciones.

Te invito a reflexionar: ¿En qué momentos has experimentado la ansiedad? ¿Cómo se manifiesta en tu cuerpo y en tu mente? ¿Ha afectado tu capacidad para realizar ciertas actividades o tomar decisiones?

Aunque la ansiedad puede ser abrumadora, es importante recordar que existen estrategias efectivas para manejarla. Desde técnicas de respiración y meditación hasta terapia cognitivo-conductual y cambios en el estilo de vida, hay una variedad de herramientas que pueden ayudar a reducir su impacto en nuestras vidas (Brown, L., 2021).

En las páginas siguientes, exploraremos algunas de estas estrategias con el objetivo de brindarte herramientas prácticas para manejar la ansiedad y recuperar el control sobre tu bienestar emocional.

GESTIONANDO LA ANSIEDAD EN SITUACIONES COTIDIANAS.

La ansiedad puede aparecer como un invitado no deseado en los momentos más inoportunos, pero desarrollar un conjunto de herramientas prácticas puede ayudarte a manejarla con gracia y resiliencia en tu día a día.

Respiración consciente: La respiración profunda es una puerta de entrada directa hacia la calma. Imagina tu respiración como olas: inhala mientras cuentas hasta cinco, dejando que el aire llene tu cuerpo, luego exhala lentamente contando hasta ocho, liberando cualquier tensión acumulada. Repite este ejercicio, permitiendo que cada respiración te traiga paz y quietud a tu mente.

Exploración del mindfulness: La práctica del mindfulness es como un paseo por un jardín sereno. Dedica unos minutos cada día a sintonizar tus sentidos: observa los sonidos que te rodean, siente la textura de las cosas, reconoce los aromas que llegan a ti. Esta conexión con el presente puede desviar tu mente de las preocupaciones futuras y las cargas pasadas, creando un espacio para la tranquilidad.

Baile de endorfinas: ¿Por qué no convertir la actividad física en una danza? No importa si es una caminata enérgica, una sesión de yoga o una clase de baile: el ejercicio libera endorfinas, esos químicos naturales que elevan el estado de ánimo y reducen la ansiedad. Baila con el ritmo de tu corazón y siente cómo la tensión se disuelve con cada movimiento.

Templo de autocuidado: Dedica tiempo a un santuario personal. Encuentra ese lugar, ya sea un rincón acogedor en tu hogar o un espacio al aire libre, donde puedas sumergirte en actividades restauradoras. Permítete disfrutar de una taza de té aromático, sumérgete en un baño relajante o simplemente siéntate en silencio, abrazando la paz que viene con el cuidado de uno mismo.

Red de apoyo y diálogo: Construir puentes con otros es construir una red de seguridad emocional. Comparte tus preocupaciones con amigos o familiares cercanos, o considera hablar con un profesional. El acto de expresar lo que sientes puede aligerar la carga y proporcionar perspectivas valiosas.

Estas estrategias no solo ofrecen formas prácticas de manejar la ansiedad, sino que también invitan a un enfoque más creativo y sensorial para abordarla.

Experimenta con estas herramientas y descubre cómo cada una puede convertirse en tu aliada en el viaje hacia la calma y la resiliencia emocional en la vida diaria.

CAPITULO DOS

Navegando las Mareas de las Críticas

"La crítica es algo que puedes evitar fácilmente simplemente diciendo nada, haciendo nada y siendo nada." - Aristóteles

EL IMPACTO DE LAS CRÍTICAS EN NUESTRA AUTOESTIMA.

Las críticas, esas cosas que a veces te sacuden como un vendaval, no discriminan a nadie, ni siquiera a los grandes deportistas. Recuerda a Michael Jordan, quien soltó la perla: "He fallado una y otra vez en mi vida. Por eso he tenido éxito". Eso dice mucho, ¿no? Es como que nos dice que los errores y las críticas son parte del camino hacia el éxito.

Pero las críticas no se quedan solo en los más famosos, ¿sabes? Todos nos topamos con esas opiniones que nos bajan la autoestima. Y créeme, sé lo que se siente.
La ciencia también ha escarbado en esto. Un estudio de Harwood y Swain (Harwood, C. G., & Swain, A. B., 2001) muestra que las críticas

pueden hacer que te cuestiones y afectar cómo te va en el deporte. Así que, manejar bien esas opiniones parece ser clave para mantener el nivel.

En este viaje por las mareas de las críticas, aprendemos que, aunque duelan, esas opiniones no definen lo que valemos o lo que somos capaces de lograr. Es como darte cuenta de que las críticas son como las olas en el mar: vienen y van, pero no te hunden si sabes surfearlas.

Las críticas pueden ser como una espada de doble filo: por un lado, pueden ofrecer oportunidades para el crecimiento y la mejora, pero por otro, pueden infligir un daño significativo en nuestra autoestima. El impacto de las críticas en nuestra percepción de nosotros mismos puede ser profundo y duradero.

En términos simples, las críticas pueden perforar las capas más internas de nuestra autoconfianza. Cuando son constructivas, pueden ofrecer una perspectiva externa valiosa, brindando la oportunidad de aprender y mejorar. Sin embargo, las críticas destructivas o malintencionadas pueden erosionar gradualmente nuestra confianza y autoestima.

Las palabras hirientes pueden resonar en lo más profundo de nuestra identidad, sembrando semillas de duda y cuestionamiento. Las críticas constantes pueden crear un diálogo interno negativo, alimentando una narrativa que nos dice que no somos lo suficientemente buenos, inteligentes o capaces. Esto puede llevar a una disminución en la autoestima y al desarrollo de inseguridades arraigadas.

Las críticas pueden tener un impacto aún más potente cuando provienen de fuentes significativas en nuestras vidas, como amigos cercanos, familiares o figuras de autoridad. Las opiniones de estas personas pueden tener un peso emocional más fuerte y, por lo tanto, el impacto en nuestra autoestima puede ser más profundo.

Para muchos, las críticas negativas pueden ser difíciles de dejar atrás. Se quedan en nuestra mente, resuenan en nuestras acciones y afectan nuestra percepción de nosotros mismos en diversas situaciones. A menudo, internalizamos estas críticas, convirtiéndolas en verdades que nos definimos a nosotros mismos, incluso cuando son simplemente opiniones de otros.

Sin embargo, es crucial recordar que nuestra valía no está determinada por las opiniones de los demás. Aprender a separar nuestra identidad de las críticas externas y cultivar una autoestima sólida son procesos clave en la resistencia frente a las críticas dañinas.

En el próximo capítulo, exploraremos estrategias para manejar y filtrar las críticas, cómo discernir entre las críticas constructivas y las destructivas, y cómo proteger nuestra autoestima mientras utilizamos las críticas para nuestro crecimiento personal.

ESTRATEGIAS PARA TRANSFORMAR CRÍTICAS DESTRUCTIVAS EN OPORTUNIDADES DE CRECIMIENTO.

Transformar críticas destructivas en oportunidades de crecimiento es un proceso desafiante pero fundamental para fortalecer nuestra resiliencia emocional. Aquí hay algunas estrategias para hacerlo:

1. Separar la emoción de la crítica: Intenta distanciarte emocionalmente de la crítica inicial. Reconoce tus emociones, pero no permitas que dominen tu respuesta. Respira profundamente y

toma un momento para analizar la crítica de manera objetiva.

2. Identificar la intención subyacente: Trata de comprender la motivación detrás de la crítica. A veces, las personas expresan críticas con buenas intenciones, aunque puedan comunicarlas de manera inapropiada. Busca el mensaje subyacente más allá de las palabras.

3. Practicar el filtrado de información: Aprende a discernir entre críticas constructivas y destructivas. Las críticas constructivas ofrecen consejos específicos para mejorar, mientras que las destructivas pueden ser ataques personales o vagos. Enfócate en las críticas que ofrecen oportunidades claras de crecimiento.

4. Preguntar y clarificar: Si la crítica no está clara, considera preguntar al crítico por detalles adicionales. A veces, a través de la comunicación abierta, puedes entender mejor la perspectiva del otro y encontrar áreas reales de mejora.

5. Enfocarse en el aprendizaje: Cambia la mentalidad de ver las críticas como ataques personales a verlas como oportunidades para aprender y crecer. Refuerza la idea de que el

desarrollo personal implica reconocer áreas de mejora.

6. Extraer lecciones y establecer metas: Identifica los puntos válidos dentro de la crítica y utiliza esos aspectos para establecer metas de crecimiento. Convierte la crítica en un trampolín para el desarrollo personal y profesional.

7. Cuidar la autoestima: Mantén una autoestima saludable y sólida. Reconoce tus fortalezas y logros, y recuerda que las críticas no definen tu valía como persona.

8. Buscar apoyo: Habla con amigos, familiares o un mentor en quien confíes para obtener perspectivas adicionales. El apoyo externo puede ayudarte a procesar las críticas y encontrar formas efectivas de crecimiento.

Al implementar estas estrategias, puedes transformar el impacto negativo de las críticas destructivas en oportunidades para mejorar y desarrollarte. Recuerda, el objetivo no es eliminar completamente las críticas negativas, sino aprender a manejarlas de manera constructiva para fomentar tu crecimiento personal y profesional.

CAPITULO TRES

Hacia la Iluminación del Mal Humor

"El mal humor es una nube pasajera que puede dispersarse con la luz de la reflexión y el poder del autodominio."

DESCUBRIENDO LAS RAÍCES DEL MAL HUMOR Y SU IMPACTO EN NUESTRAS VIDAS.

¿Alguna vez viste "Un día de furia"? Es como la crónica de ese momento en el que te sientes al límite, como Michael Douglas en la película, ¿sabes? Él simplemente estalla con todas esas cosas que lo frustran. Es como si la vida se pusiera en tu contra y todo se complicara.

Pero vamos, el mal humor no es solo cosa de películas. Todos hemos tenido esos días oscuros donde parece que todo conspira para fastidiarte. Yo he pasado por ahí, entiendo lo complicado que puede ser mantener la calma cuando todo parece ir mal.

La película nos muestra algo importante: a veces, el mal humor es como un termómetro de todas esas presiones y tensiones que cargamos. Puede ser como esa olla a presión que finalmente explota, ¿no te parece?

En este viaje por entender el mal humor, nos damos cuenta de que incluso en las pelis vemos esa lucha contra esos estados emocionales. Aceptar que el mal humor es parte de la vida nos ayuda a entendernos mejor, a conectar con nuestras propias emociones y a buscar nuestra propia paz interior. Así que, ¿qué tal si aprendemos a surfear esas olas de mal humor en lugar de dejarnos arrastrar por ellas?

El mal humor puede ser como una tormenta repentina que nubla nuestros pensamientos y oscurece nuestro estado de ánimo. Descubrir sus raíces y comprender su impacto en nuestras vidas es fundamental para encontrar formas efectivas de manejarlo.

Las raíces del mal humor pueden ser diversas y a menudo están arraigadas en nuestras experiencias pasadas, el estrés acumulado, la falta de sueño, la salud emocional o incluso factores biológicos. A veces, una situación específica puede desencadenar el mal humor, mientras que en otras ocasiones puede ser el resultado de un cúmulo de tensiones internas.

El mal humor puede afectar drásticamente nuestra interacción con los demás y nuestra capacidad para funcionar de manera óptima en nuestras responsabilidades diarias. Puede manifestarse en irritabilidad, impaciencia, falta de concentración o incluso en comportamientos más negativos.

El estrés crónico, las preocupaciones persistentes o los problemas no resueltos pueden alimentar el mal humor, convirtiéndolo en un compañero constante en nuestras vidas. Además, el impacto del mal humor puede extenderse más allá de nuestra propia experiencia, afectando nuestras relaciones personales, entornos laborales o incluso la manera en que nos percibimos a nosotros mismos.

Cuando estamos de mal humor, nuestras interacciones sociales pueden verse afectadas. Podemos ser menos comprensivos, menos tolerantes o incluso más propensos a expresar negatividad hacia los demás. Esto puede crear un ciclo que perpetúa el mal humor, afectando no solo nuestro bienestar, sino también el de quienes nos rodean.

Entender las raíces del mal humor y su impacto nos brinda la oportunidad de abordarlo de manera más efectiva. Identificar las causas subyacentes, buscar formas de manejar el estrés, cultivar la empatía hacia nosotros mismos y hacia los demás, así como practicar la autorreflexión, son pasos importantes para iluminar y disipar la nube del mal humor en nuestras vidas.

Ejercicios y prácticas simples para cambiar el estado de ánimo y cultivar la alegría.

Cultivar la alegría y cambiar nuestro estado de ánimo puede ser un desafío, pero existen prácticas simples y ejercicios que pueden ser eficaces para promover un cambio positivo:

Práctica de gratitud: Llevar un diario de gratitud puede ser transformador. Todos los días, anota tres cosas por las que te sientes agradecido. Esto puede ayudarte a cambiar el foco de atención de lo negativo a lo positivo, cultivando un estado mental más optimista.

Ejercicio físico regular: El ejercicio libera endorfinas, los químicos del cerebro que actúan como analgésicos naturales y mejoran el estado de ánimo. Realizar actividades físicas que disfrutes, como caminar, bailar o practicar yoga, puede elevar tu espíritu.

Meditación y mindfulness: Dedica unos minutos al día a meditar o practicar mindfulness. Concéntrate en tu respiración, observa tus pensamientos sin juzgar y mantente presente en el momento actual. Esto puede ayudarte a calmar la mente y reducir el estrés, permitiendo que la alegría emerja.

Conexión social: Pasar tiempo con amigos, familiares o personas que te brinden apoyo puede aumentar tu felicidad. La conexión humana y el apoyo emocional pueden ser poderosos impulsores del estado de ánimo positivo.

Tiempo para actividades placenteras: Dedica tiempo diario a actividades que disfrutes verdaderamente. Puede ser leer, pintar, escuchar música, cocinar o cualquier hobby que te haga sentir bien. Estas actividades pueden elevar tu ánimo y aumentar tu sensación de bienestar.

Risas y humor: Ríe tanto como puedas. Ver una película divertida, escuchar un monólogo cómico o simplemente reírte con amigos puede aumentar tu estado de ánimo de manera significativa.

Cuidado personal: Practicar el autocuidado es vital. Date un baño relajante, prepara una comida especial para ti, sal a dar un paseo por la naturaleza o simplemente dedica tiempo a descansar y relajarte.

Visualización positiva: Tómate unos minutos para visualizar un momento, lugar o situación que te haga feliz. Sumérgete en los detalles y las sensaciones positivas que esa imagen te trae.

Estos ejercicios y prácticas son simples pero efectivos para cambiar el estado de ánimo y cultivar la alegría en la vida diaria. Incorporar estos hábitos gradualmente puede contribuir a un cambio positivo en tu bienestar emocional y a una mayor felicidad en general.

CAPITULO CUATRO

Cultivando la
Confianza Interior

"La confianza interior es el cimiento sobre el cual construimos nuestro éxito y felicidad personal."

LA IMPORTANCIA DE LA CONFIANZA EN EL CRECIMIENTO PERSONAL.

La confianza interior, ese brillo que te hace brillar desde adentro, puede ser como el secreto mejor guardado de algunas personas. Es como si fuera esa chispa que ilumina todo lo que haces. Piensa en personas como Oprah Winfrey, ¿sabes? Ella dijo una vez: "La confianza es lo que te permite levantarte y hablar. Y eso es lo que quiero para todos".

Pero claro, la confianza no es algo que aparece de la nada. Todos, en algún momento, hemos tenido que cultivarla como una semilla que crece poco a poco. Como alguien que ha atravesado esos momentos de duda, entiendo lo importante que es esa confianza en uno mismo.

La confianza interior es como ese músculo que se fortalece con el tiempo. No es solo creer en ti mismo, es saber que incluso si tropiezas, tienes la fuerza para levantarte.

En este viaje para cultivar la confianza interior, nos damos cuenta de que incluso las personas más seguras han pasado por momentos de inseguridad. Aceptar que la confianza es un camino de aprendizaje nos ayuda a crecer y a ser más comprensivos con nosotros mismos y con los demás. ¿Qué tal si nos proponemos nutrir esa confianza interior y dejarla brillar más cada día?

La confianza en uno mismo es un ingrediente fundamental en el viaje hacia el crecimiento personal. Su importancia radica en diversos aspectos que impactan directamente en nuestro desarrollo y bienestar:

Exploración y descubrimiento personal: La confianza actúa como un faro que nos guía en la exploración de nuestras capacidades, intereses y valores. Cuando confiamos en nosotros mismos, nos sentimos más motivados para explorar nuevos horizontes, probar cosas nuevas y descubrir aspectos no explorados de nuestra personalidad.

Esto alimenta un proceso continuo de autoconocimiento y autodescubrimiento.

Afrontamiento de desafíos: La confianza en uno mismo actúa como un amortiguador frente a la adversidad. Nos da la fuerza necesaria para enfrentar desafíos y superar obstáculos. La seguridad en nuestras habilidades nos ayuda a mantener la calma y la determinación incluso en momentos difíciles, permitiéndonos buscar soluciones creativas y adaptarnos a las circunstancias.

Crecimiento y aprendizaje: La confianza es un facilitador clave del aprendizaje continuo. Cuando confiamos en nuestra capacidad para aprender y crecer, nos volvemos más receptivos a nuevas ideas, experiencias y conocimientos. Estamos más dispuestos a asumir desafíos intelectuales y a desarrollar habilidades que contribuyan a nuestro crecimiento personal y profesional.

Toma de decisiones: La confianza en uno mismo juega un papel crucial en la toma de decisiones. Una autoconfianza sólida nos permite evaluar mejor las situaciones, confiar en nuestras elecciones y tomar decisiones fundamentadas. Esto nos empodera para tomar responsabilidad sobre nuestras vidas y dirigir nuestro propio camino.

Relaciones interpersonales: La confianza en uno mismo influye en la forma en que nos relacionamos con los demás. Una autoconfianza saludable nos permite establecer relaciones más sólidas, basadas en la autenticidad y el respeto mutuo. Además, nos hace más resilientes ante las opiniones negativas de los demás, permitiéndonos mantener relaciones más saludables y significativas.

Bienestar emocional: La confianza en uno mismo está estrechamente relacionada con el bienestar emocional. Las personas con una autoconfianza positiva tienden a experimentar menos ansiedad, estrés y depresión. Se sienten más capaces de enfrentar los desafíos emocionales y son más resilientes frente a las dificultades de la vida.

En resumen, la confianza en uno mismo es un pilar fundamental en el crecimiento personal. Fortalece nuestra capacidad para explorar, enfrentar desafíos, aprender, tomar decisiones asertivas y establecer relaciones saludables, todo lo cual contribuye significativamente a nuestro bienestar general y desarrollo integral.

PASOS PRÁCTICOS PARA CONSTRUIR Y MANTENER LA CONFIANZA EN UNO MISMO.

La autoconfianza es como una semilla que, cuando se cuida y se nutre, crece y fortalece todo nuestro ser. Construir y mantener esta confianza en uno mismo es un proceso gradual que requiere atención y práctica constante. Ahora, exploraremos pasos prácticos para cultivar y sostener una autoconfianza sólida.

Autoconocimiento: La Raíz de la Confianza Antes de construir tu confianza, necesitas conocerte a ti mismo. Examina tus fortalezas, habilidades y logros pasados. Haz una lista de tus éxitos, por pequeños que sean. Este reconocimiento te dará una base sólida para construir tu confianza.

Metas Realistas, Pasos Concretos Establece metas alcanzables. Empieza por objetivos pequeños y aumenta su complejidad gradualmente. Celebrar cada logro refuerza tu confianza en tu capacidad para lograr cosas más grandes.

Aprender de los Errores: El Poder de la Resiliencia Los errores son lecciones disfrazadas. En lugar de temerlos, acéptalos como parte del proceso de aprendizaje. Reflexiona sobre ellos y haz ajustes para el futuro. La capacidad de aprender y crecer a través de la experiencia mejora tu autoconfianza.

Desarrolla Tus Habilidades: El Camino hacia el Empoderamiento Investiga y adquiere conocimientos constantemente. El aprendizaje y la mejora constante aumentan tu confianza en tu capacidad para afrontar nuevos desafíos y situaciones.

Enfrenta Tus Miedos: Superando Barreras Enfrenta tus miedos gradualmente. Dar pasos fuera de tu zona de confort te permite ganar confianza en tu capacidad para superar obstáculos y desafíos.

Cuida Tu Diálogo Interno: Palabras que Empoderan Tu voz interna tiene un gran impacto en tu autoconfianza. Reemplaza los pensamientos negativos por afirmaciones positivas y realistas. Hablarte con amabilidad y compasión fortalece tu confianza.

El Poder del Cuidado Personal: Bienestar que Impulsa la Confianza El autocuidado es clave. Dormir adecuadamente, comer bien y hacer ejercicio contribuyen significativamente a tu bienestar emocional, lo que sustenta una base sólida para tu confianza.

En resumen, la confianza en uno mismo es un proceso en evolución. Al seguir estos pasos prácticos y comprometerte con tu crecimiento personal, estarás sentando las bases para una confianza duradera y una autoestima sólida.

CAPITULO CINCO

Encendiendo la Chispa de la Motivación

"La motivación es la chispa que enciende la acción, transformando sueños en logros y posibilidades en realidades."

EL MOTOR INVISIBLE: MOTIVACIÓN INTRÍNSECA Y EXTRÍNSECA.

¿Conoces a Tony Robbins? Ese tipo es como el gurú de la motivación, ¿sabes? Él tiene esta frase que dice: "La gente exitosa hace lo que las personas que no son exitosas no están dispuestas a hacer. No desean hacerlo, no les gusta hacerlo, no es conveniente hacerlo". Es como un recordatorio de que la clave está en tomar acciones aunque no sean fáciles.

Pero bueno, encontrar esa chispa motivadora no siempre es pan comido. Todos hemos tenido esos días en los que parece que la energía simplemente no está ahí. Yo he pasado por eso, sé lo desafiante que puede ser mantener esa llama encendida.

La motivación es como esa batería recargable. A veces está a tope y otras parece que se agota. No se trata solo de tener ganas, sino de encontrar esa fuerza y dedicación para seguir adelante aunque las cosas se pongan cuesta arriba.

En este viaje para encender esa chispa de la motivación, entendemos que incluso los más exitosos han tenido momentos de dudas. Saber que encontrar esa motivación puede ser un proceso nos ayuda a darnos un respiro y buscar diferentes maneras de mantenernos enfocados y motivados. Así que, ¿cómo podemos tomar las riendas y mantener esa motivación en días complicados?

La motivación impulsa nuestras acciones y determina nuestra persistencia en la consecución de metas. En este capítulo, exploraremos dos facetas de la motivación: la intrínseca, arraigada en nuestros intereses y valores personales, y la extrínseca, influenciada por factores externos.

Motivación Intrínseca: Alimentando el Fuego Interno

La motivación intrínseca surge desde lo más profundo de nuestra esencia. Está ligada a intereses personales, valores y pasiones. Explorar lo que nos apasiona y nos llena de alegría es clave para alimentar esta forma de motivación. La satisfacción personal y el disfrute de la actividad en sí misma son sus impulsores principales.

Motivación Extrínseca: La Influencia del Entorno

La motivación extrínseca se deriva de recompensas externas, como reconocimiento, dinero o premios. A menudo, está vinculada a objetivos específicos o incentivos tangibles. Si bien puede impulsar el rendimiento a corto plazo, su influencia puede ser menos duradera que la intrínseca.

Dinámica entre Ambas Formas de Motivación

Las dos formas de motivación no son excluyentes; a menudo coexisten y se complementan. En muchos escenarios, la motivación intrínseca puede alimentar y potenciar la extrínseca. Comprender cómo se entrelazan y cómo pueden impulsarse mutuamente es crucial para mantener un equilibrio efectivo.

Cultivando la Motivación Intrínseca

Explorar nuestros intereses, establecer metas personales significativas y encontrar propósito en nuestras actividades cotidianas son formas de nutrir la motivación intrínseca. Esta forma de motivación se fortalece cuando nos conectamos emocionalmente con lo que hacemos.

Equilibrando la Motivación Extrínseca

Aprovechar los incentivos externos puede ser útil, pero es importante no depender exclusivamente de ellos. Encontrar la alineación entre los objetivos externos y nuestros valores personales es esencial para utilizar la motivación extrínseca de manera efectiva y sostenible.

Potenciando la Motivación: Clave para el Éxito

Comprender la complejidad de ambas formas de motivación y aprender a cultivarlas en armonía es esencial para mantener un impulso constante hacia el éxito. Reconocer cómo se entrelazan y cómo pueden impulsarse mutuamente es crucial para alcanzar metas de manera significativa y sostenida.

Al explorar y comprender la motivación intrínseca y extrínseca, podemos utilizar ambas como herramientas poderosas en nuestro viaje hacia el logro de metas y la realización personal.

ESTRATEGIAS EFECTIVAS PARA ENCONTRAR Y NUTRIR LA MOTIVACIÓN EN LA VIDA DIARIA.

La motivación es como un fuego que necesita cuidado constante para mantenerse encendido. Aquí exploramos estrategias prácticas para encontrar y nutrir la motivación en tu vida diaria.

Establece Metas Claras y Significativas

Definir metas específicas y alcanzables proporciona dirección y un propósito claro. Divide tus objetivos en pasos más pequeños y manejables para facilitar tu progreso y mantenerte enfocado.

Encuentra tu Por Qué

Conecta tus actividades diarias con un propósito más profundo. Descubre por qué es importante para ti realizar ciertas tareas. Al entender el significado detrás de tus acciones, aumenta tu motivación intrínseca.

Ambiente Propicio para la Motivación

Crea un entorno que impulse tus objetivos. Organiza tu espacio de trabajo para eliminar distracciones y fomentar la concentración. Un ambiente ordenado y acogedor puede aumentar tu disposición para trabajar hacia tus metas.

Modelos a Seguir e Inspiración

Busca modelos a seguir o inspiración en personas que hayan alcanzado lo que deseas. Aprende de sus experiencias y utiliza su éxito como motivación para avanzar en tus propios objetivos.

Autocuidado y Compasión

El cuidado personal es esencial. Practica la autocompasión, reconociendo que el progreso no siempre es lineal. Date permiso para cometer errores y aprende de ellos. Además, cuida tu bienestar físico y mental.

Visualización y Recordatorios Constantes

Visualiza tus metas y objetivos con regularidad. Utiliza recordatorios visuales, como notas adhesivas o imágenes, para mantener viva la visión de lo que deseas lograr.

Celebra Tus Logros

Reconoce y celebra cada logro, por pequeño que sea. Celebrar tus avances refuerza la sensación de logro y te impulsa hacia adelante.

Flexibilidad y Adaptabilidad

Sé flexible y adaptable en tu enfoque. A veces, los planes pueden cambiar, y estar abierto a ajustes te permite mantener el impulso incluso ante desafíos inesperados.

Estas estrategias pueden ayudarte a encontrar y nutrir la motivación en tu día a día, proporcionándote herramientas para mantener encendida la llama que impulsa tu progreso hacia tus metas y sueños.

CAPITULO SEIS

El Arte del Perdón Personal

"El perdón personal es la libertad que otorgas a tu alma para sanar, dejar ir y florecer en nuevos comienzos."

EL PAPEL DEL PERDÓN PROPIO EN LA CURACIÓN Y EL CRECIMIENTO PERSONAL.

"La persona a la que es más difícil perdonar es a la que todavía tengo que enfrentarme: yo misma". Esta conmovedora frase de Edith Eva Eger, narrada en su libro "La Bailarina de Auschwitz", abre las puertas a una verdad profunda y universal sobre el perdón personal.

Edith Eva Eger, una sobreviviente del Holocausto, llevó consigo un peso abrumador: la sensación de culpa por haber sobrevivido mientras su madre no lo hizo. Esta carga emocional la acompañó durante mucho tiempo, haciéndole enfrentar la difícil tarea de perdonarse a sí misma por una situación que estaba completamente fuera de su control.

Este poderoso testimonio nos lleva a reflexionar sobre el perdón personal como una lucha interna, donde la persona a la que más difícilmente podemos perdonar es, a menudo, uno mismo. La culpa, el arrepentimiento y la autocompasión son emociones que pueden enredarnos en un laberinto de dolor.

El viaje hacia el perdón personal es un proceso de comprensión y aceptación. No se trata de justificar las circunstancias, sino de liberarse del peso emocional que nos retiene en el pasado. Edith Eva Eger nos muestra que el perdón personal es un acto de compasión hacia uno mismo, un reconocimiento de que, incluso en las situaciones más desgarradoras, merecemos comprensión y sanación.

El mensaje de Eger destaca la importancia de liberarse del autojuicio y encontrar la paz interior. Aceptar nuestras propias limitaciones, comprender que no podemos cambiar el pasado, y perdonarnos a nosotros mismos es un paso vital hacia la sanación emocional y la construcción de un futuro más compasivo y esperanzador.

El perdón propio es un acto de compasión hacia uno mismo, una herramienta poderosa que facilita la curación emocional y el crecimiento personal. En seguida, exploraremos el papel fundamental que desempeña el perdón propio en nuestra evolución interior.

Comprendiendo el Perdón Personal

El perdón propio implica liberarse de la culpa, el remordimiento y la autocrítica. Es un proceso de aceptación y comprensión compasiva de nuestras propias acciones y experiencias pasadas.

Curación a Través del Perdón

El perdón personal es una vía hacia la curación emocional. Al liberarnos de la carga emocional negativa, permitimos que sanen las heridas internas y comience un proceso de renovación interna.

Crecimiento y Transformación

Perdonarnos a nosotros mismos es un acto de amor propio que facilita el crecimiento personal. Nos permite aprender de nuestros errores, desarrollar la resiliencia y avanzar hacia una versión más fuerte y compasiva de nosotros mismos.

Autocompasión y Autenticidad

El perdón propio está intrínsecamente ligado a la autocompasión. Reconocer nuestra humanidad y aceptar nuestras imperfecciones nos permite vivir con autenticidad y amabilidad hacia nosotros mismos.

Liberación y Nuevo Comienzo

Al perdonarnos, abrimos la puerta hacia nuevos comienzos. Nos liberamos del peso del pasado, permitiéndonos avanzar con una mentalidad renovada y la capacidad de abrazar el presente con serenidad.

Herramientas para el Perdón Personal

Exploraremos estrategias prácticas para cultivar el perdón propio. Desde la práctica de la autocompasión hasta la reflexión guiada, estas herramientas nos ayudarán a avanzar hacia la reconciliación interna.

El Viaje hacia la Paz Interior

El perdón propio es un viaje continuo. A través de la reflexión, la aceptación y la práctica constante de la autocompasión, nos encaminamos hacia la paz interior y la realización personal.

El perdón personal es un proceso liberador que permite la transformación interna y la apertura hacia un futuro más pleno. Al comprender su importancia y practicar su arte, nos encaminamos hacia una vida más plena y auténtica.

EJERCICIOS Y REFLEXIONES PARA PRACTICAR EL AUTOCUIDADO Y LA AUTOCOMPASIÓN.

El autocuidado y la autocompasión son elementos fundamentales para mantener una salud mental y emocional equilibrada en nuestra vida cotidiana. Cultivar estas prácticas puede fortalecer nuestra capacidad para enfrentar desafíos, manejar el estrés y mejorar nuestra relación con nosotros mismos. Aquí exploraremos una serie de ejercicios y reflexiones diseñados para nutrir el autocuidado y fomentar la autocompasión.

1. Respiración Consciente y Mindfulness. Toma unos minutos cada día para practicar la respiración consciente. Siéntate cómodamente, cierra los ojos y enfócate en tu respiración. Observa cómo entra

y sale el aire de tu cuerpo. Esto ayuda a calmar la mente y a estar presente en el momento actual.

2. Visualización de Autocompasión. Imagina un lugar seguro y tranquilo. Visualízate a ti mismo en este entorno, rodeado de amor y comprensión. Conéctate emocionalmente contigo mismo, enviándote palabras amables y de apoyo.

3. Carta de Autocompasión. Escribe una carta a ti mismo desde un lugar de compasión y entendimiento. Reconoce tus luchas y desafíos sin juzgarte. Exprésate con amabilidad, ofreciéndote consuelo y aliento.

4. Reflexión Consciente de Emociones. Tómate un tiempo para reflexionar sobre tus emociones diarias. Identifica cómo te sientes sin juzgar esas emociones. Reconoce que todas las emociones son válidas y normales.

5. Prácticas de Gratitud y Afirmaciones Positivas. Crea un ritual diario para expresar gratitud. Enumera cosas por las que estás agradecido. Además, practica afirmaciones positivas que refuercen tu autoestima y amor propio.

6. Manejo de la Autocrítica. Observa tus pensamientos autocríticos con curiosidad y

compasión. Reemplaza estos pensamientos con afirmaciones más amables y realistas. Permítete cometer errores y aprender de ellos.

7. Autocompasión en Momentos de Dificultad. Cuando te enfrentes a desafíos o momentos difíciles, recuerda ser amable contigo mismo. Usa la respiración consciente o visualización para calmarte. Acepta tus emociones y busca formas de consolarte.

Estos ejercicios y reflexiones pueden ser integrados en tu rutina diaria para fomentar una relación más saludable contigo mismo. Al practicar el autocuidado y la autocompasión, cultivas la habilidad de cuidarte emocionalmente y crear un espacio interno de aceptación y amor. Integrar estas prácticas en tu vida puede promover un bienestar duradero y una relación más compasiva contigo mismo.

Te he ofrecido una serie de herramientas prácticas para integrar el autocuidado y la autocompasión en la vida cotidiana, fortaleciendo así la salud mental y emocional.

Conclusiones

Recapitulación de lecciones clave y consejos prácticos.

A lo largo de este viaje de exploración del autocuidado, la autocompasión y el crecimiento personal, hemos explorado valiosas lecciones que pueden fortalecer nuestra conexión con nosotros mismos y mejorar nuestra calidad de vida. A continuación, recapitulamos las lecciones clave y ofrecemos consejos prácticos para integrar estos aprendizajes en nuestra rutina diaria.

1. Autocuidado como Prioridad. El autocuidado no es un lujo, sino una necesidad. Priorizar el tiempo para atender nuestras necesidades físicas, emocionales y mentales es esencial para mantener un equilibrio saludable en la vida cotidiana.

2. Prácticas de Mindfulness y Respiración Consciente. La práctica regular de mindfulness y la respiración consciente pueden calmar la mente,

reducir el estrés y aumentar nuestra capacidad para estar presentes en el momento actual.

3. Cultivar la Autocompasión. La autocompasión implica tratarnos con la misma amabilidad y compasión que ofreceríamos a un amigo en tiempos de dificultad. Aceptarnos con nuestras imperfecciones y ser comprensivos con nosotros mismos fomenta un ambiente interno más amoroso y compasivo.

4. Perdón y Crecimiento Personal. El perdón personal es liberador. Aprender a perdonarnos a nosotros mismos nos permite dejar ir el peso del pasado y avanzar hacia un crecimiento personal significativo.

5. Prácticas de Autoreflexión. Dedicar tiempo a reflexionar sobre nuestras emociones, pensamientos y patrones de comportamiento nos brinda una mayor comprensión de nosotros mismos. Estas reflexiones nos ayudan a identificar áreas de mejora y crecimiento personal.

Consejos Prácticos:

Establece Rutinas de Autocuidado: Incorpora actividades de autocuidado en tu día a día, ya sean pequeñas o grandes.

Practica la Gratitud: Mantén un diario de gratitud para enfocarte en las cosas positivas de la vida.

Busca Apoyo: No temas buscar ayuda profesional o apoyo de amigos y familiares cuando sea necesario.

Acepta la Vulnerabilidad: Reconoce y acepta tus vulnerabilidades como parte de tu humanidad.

Sé Amable Contigo Mismo: Habla contigo mismo con amabilidad y comprensión en todo momento.

Integrar estas lecciones y consejos prácticos en tu día a día puede contribuir significativamente a tu bienestar emocional y mental. Al priorizar el autocuidado, cultivar la autocompasión y practicar la autoreflexión, puedes nutrir una relación más amorosa y compasiva contigo mismo, promoviendo así un crecimiento personal continuo y una vida más plena.

Hemos hecho un resume de las lecciones clave y te ofrecemos consejos prácticos para implementarlas, brindando una guía útil para aquellos que buscan mejorar su bienestar emocional y mental.

Recursos adicionales para seguir profundizando en cada tema.

La búsqueda del bienestar emocional y el crecimiento personal es un viaje continuo y enriquecedor. Si deseas profundizar en los temas que hemos explorado hasta ahora, hay una variedad de recursos disponibles que pueden brindarte aún más conocimientos y herramientas prácticas. A continuación, se presentan recursos adicionales para seguir cultivando el autocuidado, la autocompasión y el crecimiento personal:

Libros sobre Autocuidado y Bienestar:

"El Poder del Ahora" de Eckhart Tolle: Explora la importancia de la atención plena y vivir en el momento presente.

"El Arte de Amar" de Erich Fromm: Ofrece una perspectiva sobre el amor y la compasión, incluyendo la relación con uno mismo.

"La Autocompasión: Cómo dejar de ser tu peor enemigo" de Kristin Neff: Profundiza en la práctica de la autocompasión y ofrece ejercicios prácticos.

Recursos de Meditación y Mindfulness:

Aplicaciones de Meditación: Calm, Headspace y Insight Timer ofrecen una variedad de meditaciones guiadas y ejercicios de mindfulness.

Videos y Podcasts: Plataformas como YouTube y podcasts especializados en mindfulness y meditación ofrecen una amplia gama de recursos gratuitos.

Cursos y Talleres en Línea: Coursera y Udemy: Ofrecen cursos sobre mindfulness, autocompasión, gestión del estrés y crecimiento personal.

Plataformas de Coaching: Busca profesionales del coaching que ofrezcan talleres o sesiones individuales sobre autodescubrimiento y crecimiento personal.

Apoyo Profesional y Comunidades de Apoyo: Terapia y Asesoramiento: Consultar a un terapeuta o consejero puede ser beneficioso para trabajar temas específicos y recibir apoyo individualizado.

Grupos de Apoyo: Participar en grupos de apoyo en línea o en persona te conecta con personas que comparten experiencias similares y proporciona un entorno de apoyo.

Recursos en Redes Sociales y Blogs:

Seguir a Expertos: Busca perfiles de expertos en autocuidado, psicología positiva, mindfulness y autocompasión en redes sociales como Instagram y X (antiguo Twitter).

Blogs y Sitios Web: Muchos blogs y sitios web ofrecen contenido de calidad sobre temas relacionados con el bienestar emocional y el desarrollo personal.

Estos recursos adicionales te ofrecen oportunidades para seguir aprendiendo y creciendo en tu viaje hacia el autocuidado, la autocompasión y el crecimiento personal. Explorar estas fuentes puede proporcionarte nuevas perspectivas, herramientas prácticas y apoyo continuo en tu búsqueda de bienestar y desarrollo personal.

Esta lista de recursos variados son para aquellos interesados en continuar su exploración en el autocuidado, la autocompasión y el crecimiento personal, proporcionando una guía útil para seguir avanzando en su viaje de bienestar emocional y mental.

Epílogo

Un Viaje Hacia la Plenitud Interior.

En nuestro viaje de exploración sobre el autocuidado, la autocompasión y el crecimiento personal, hemos navegado a través de las complejidades de la relación con nosotros mismos. Hemos descubierto que el cuidado de nuestro bienestar mental, emocional y espiritual es fundamental para una vida plena y satisfactoria.

Al aprender a priorizarnos, practicar la autocompasión y perdonarnos a nosotros mismos, hemos plantado semillas de amor y aceptación en el jardín de nuestro ser. Hemos reconocido la belleza en nuestras imperfecciones y la fortaleza en nuestras vulnerabilidades.

Este viaje no es un destino final, sino un proceso continuo de autodescubrimiento y crecimiento. Cada día nos ofrece nuevas oportunidades para practicar el autocuidado, cultivar la autocompasión y avanzar en nuestro camino hacia la plenitud interior.

Recuerda, el autocuidado no es egoísmo; es un acto de amor hacia nosotros mismos que nos capacita para ser más compasivos y generosos con los demás. La autocompasión no es debilidad; es la fuente de nuestra fuerza interior y nuestra capacidad para enfrentar los desafíos con gracia y comprensión.

En este viaje, recuerda siempre:

Sé amable contigo mismo: Habla contigo mismo con amabilidad y comprensión en todo momento.

Prioriza tu bienestar: El cuidado de tu salud mental y emocional es crucial para una vida plena.

Abraza tu humanidad: Reconoce y acepta tus imperfecciones como parte de tu belleza única.

Que este viaje hacia la plenitud interior sea una constante evolución, un camino lleno de aprendizaje, amor propio y aceptación. Que cada paso nos acerque más a la armonía interna y a una conexión más profunda con nosotros mismos y con los demás.

En el camino del autocuidado y la autocompasión, encontramos la clave para desbloquear una vida más plena y significativa. Que este viaje nos inspire a seguir explorando, creciendo y celebrando la belleza de nuestro ser en cada paso del camino.

Agradecimientos

Mientras escribo estas palabras, siento la necesidad abrumadora de expresar mi más profundo agradecimiento. En los momentos en los que el mundo parecía desmoronarse a mi alrededor, ustedes han sido mi ancla, mi luz y mi fuerza.

A cada uno de ustedes que ha estado a mi lado durante mis momentos más difíciles, quiero decirles que su apoyo ha sido invaluable. Vuestra comprensión, paciencia y amor incondicional han sido como un bálsamo para mi alma cuando más lo necesitaba.

A mi familia, quienes han sido mi roca, mi refugio seguro en medio de la tormenta, no tengo palabras suficientes para expresar mi gratitud.

A mis amigos, mis cómplices de risas y confidentes en los momentos de lágrimas, gracias por estar a mi lado sin importar la distancia o las circunstancias. Vuestra escucha comprensiva y vuestros consejos honestos han sido un regalo invaluable en mi vida.

Sobre el autor

Eli Andrade es un escritor y teólogo brasileño que se ha mudado varias veces por el mundo en busca de nuevas aventuras y experiencias. Después de pasar más de 15 años en España y más de 2 años en Inglaterra, Eli ha adquirido una perspectiva global y una comprensión profunda de los desafíos y preocupaciones de la gente de hoy.

Es un fanático de las novelas de Jeffrey Archer y ama debatir sobre temas variados, desde política hasta religión, arte y tecnología. Pero su verdadera pasión es ayudar a la gente a través de la literatura. Actualmente, está trabajando en varios proyectos relacionados con la salud mental, social y espiritual, buscando abordar problemas importantes como la ansiedad, la depresión y la falta de propósito en una sociedad cada vez más compleja.

Eli cree en el poder de la literatura para inspirar, conectar y curar, y espera dejar su huella en el mundo con su trabajo. Es una voz fresca y esperanzadora en la literatura y una fuente de apoyo y motivación para aquellos que buscan una mejor comprensión de sí mismos y del mundo que les rodea. ¡Este escritor está dispuesto a luchar por un mundo más saludable y feliz!

Printed in Great Britain
by Amazon